CÁLCULO DE METÁFORAS

Lluís Nacenta es investigador en la intersección entre el arte y la ciencia. Licenciado en Matemáticas por la UPC, en Música por el Conservatorio del Liceo y doctorado por la UPF, autor de una tesis sobre la repetición musical, desarrolla su actividad profesional entre el comisariado, la gestión cultural, la docencia universitaria, la escritura y la música. Ha sido coordinador de másters y posgrados de Eina y director de Hangar, Centro de Producción e Investigación de Artes Visuales. Además de coordinar e impartir clases en distintos másters, desde 2012 es comisario del programa SónarMies, parte de Sónar+D, y ha comisariado exposiciones como «Interval. Acciones Sonoras» en la Fundación Antoni Tàpies (2015), «Lightforms / Soundforms de Brian Eno» en Arts Santa Mònica (2017), «IA: Inteligencia Artificial» en el Centro de Cultura Contemporánea de Barcelona (2023) y «Connectem. 40 anys de TV3 i Catalunya Ràdio» en el Disseny Hub (2024). Es también colaborador del programa *El balcó* de SER Catalunya.

LLUÍS NACENTA

CÁLCULO DE METÁFORAS

La confluencia de lengua y matemática en el siglo XXI

EN DEBATE

Papel certificado por el Forest Stewardship Council®

Primera edición: abril de 2025

© 2025, Lluís Nacenta
© 2025, Penguin Random House Grupo Editorial, S. A. U.
Travessera de Gràcia, 47-49. 08021 Barcelona

Printed in Spain – Impreso en España

ISBN: 978-84-10433-43-4
Depósito legal: B-2.689-2025

Compuesto en La Nueva Edimac, S. L.
Impreso en Artes Gráficas Huertas
Fuenlabrada (Madrid)

C433434

Índice

1. Una mariposa hundió el Titanic . . 13
2. No se puede decir con palabras
   ni medir con números 41
3. Metáforas cuánticas 65
Coda: Vivir con los ojos abiertos 103

Bibliografía 107
Agradecimientos 109

A Antoni Marí, mi maestro

Como toda novedad tiene como condición la eliminación previa del tópico al que nos habíamos habituado y que nos parecía la realidad misma, toda conversación nueva –como toda pintura, toda música originales– parecerá siempre alambicada y cansina. Descansa en figuras a las que no estamos acostumbrados, nos parece que quien habla lo hace exclusivamente mediante metáforas, cosa que cansa y da la impresión de falta de verdad. (En el fondo, las formas antiguas del lenguaje fueron también en tiempos imágenes difíciles de seguir, cuando el oyente no conocía aún el universo que representaban. Pero desde hace mucho nos imaginamos que era el universo real, nos apoyamos en él).

MARCEL PROUST

1. Una mariposa hundió el Titanic

Cada día desencadenamos nimiedades y cataclismos. Miramos a derecha e izquierda y quisiéramos saber qué hacer, cómo proceder a continuación, cuál sería el mejor curso de los acontecimientos para nosotros, nuestros seres queridos y, por qué no, el planeta entero. Sin duda, lo responsable sería detenernos a sopesar la situación, pero enseguida surge el problema del equilibrio: ¿hasta cuándo?, ¿a partir de qué información?, ¿con la ayuda de qué inteligencia y sensibilidad? Podría quedarme para siempre en esta cafetería de Travessera de Gràcia, en la que acabo de entrar a tomar un café y comenzar este relato. Podría quedarme aquí, absolutamente comprometido a no cometer ningún error más. Pero también ese *meltdown* personal –un ciudadano permanece detenido en una cafetería de Barcelona, removiendo su café, intentando comprender por completo, desde todos los puntos de vista, qué debe hacer a continuación– tendría sus consecuencias. Al fin cierro este párrafo, pago el café y salgo a la calle, dispuesto a desencadenar nimiedades y cataclismos con el mayor cuidado que sea capaz de llevar.

No es casual que, en el momento en el que me planteo, por unos minutos, apearme de todo, lo que esté haciendo sea comenzar un relato. Cualquier relato, de los cuentos infantiles a los tratados científicos, es un modo de hacer frente a la complejidad del mundo. Perplejos ante lo inextricable de cuanto nos rodea y nos constituye, comenzamos a contarnos cosas, a los demás y a nosotros mismos, deseosos de hallar sentido. Pero pronto nos damos cuenta de que el lenguaje no es menos complejo que el mundo. Hay ahí un hecho fundamental y fascinante: el lenguaje, desde luego, no es el mundo, pero es *como* el mundo. Parece lógico que la herramienta que hemos desarrollado para comprender qué ocurre a nuestro alrededor y en nuestro interior sea tan compleja como lo que intentamos desentrañar. Si fuera más simple que el mundo, si tuviera menos matices, vinculaciones inconfesables, reflejos imperceptibles y cambios de escala repentinos, ¿cómo podría el lenguaje nombrar las cosas, relatar la vida o imaginar el futuro?

Sin embargo, que el lenguaje sea tan complejo como el mundo añade un nuevo peligro a la situación: no solo podemos perdernos en la enrevesada maraña del mundo, sino también en los túneles recónditos y los juegos de espejos del lenguaje.

De las nimiedades es difícil hablar porque son indistintas e irrelevantes, y la atención se nos agota pronto. Lo que hace que algo sea una nimiedad es precisamente eso, que no nos interesa. Si me propongo comprender del todo la picada que un mosquito me hizo ayer en el tobillo izquierdo (tal vez ocurrió cuando nos detuvimos en el último puente sobre el Muga a contemplar su llegada al mar, preguntándonos si el agua bajo nuestros pies sería aún dulce, pero ni siquiera puedo estar seguro), aún podré hallarle cierto interés a mi pesquisa. Bien mirado, indagar a fondo en esa picadura podría decirnos algo sobre el estado de los ecosistemas o tal vez, quién sabe, sobre la crisis climática. En cambio, si decidiera ahora consagrarme a la investigación hasta el último detalle de la curva precisa que trazó el vuelo de ese mosquito hasta llegar, furtivo y sediento, a mi tobillo, me tomaríais por loco.

Los cataclismos, por el contrario, son fascinantes, acaso por su dramatismo exacerbado o su terrible belleza. Conozco a una persona que visitó las Torres Gemelas de Nueva York el 10 de septiembre de 2001. Subió a la azotea, se hizo una foto y siguió con su vida como si nada. Sería un hecho anodino si no fuera porque ocurrió en el filo del abismo. Al día siguiente, ese hecho vulgar, indistinto, adquirió una belleza singular, y por eso os lo cuento hoy, casi un cuarto de siglo después.

Son fascinantes tal vez porque hacen visible de golpe el vínculo trágico de lo personal y lo histórico. Los cataclismos cosen nuestras vidas a la historia. En las guerras, en los desastres naturales, la historia entra a saco en nuestra vida. La pandemia de la COVID-19 (que de tan reciente que es parecemos haberla olvidado) fue un desastre planetario, pero fue también para muchas personas la muerte de una madre, de un abuelo, de un amigo, de quienes no pudieron despedirse como merecían, o el desencadenante de graves trastornos físicos y mentales, que persisten todavía hoy. Los cataclismos revelan como una bofetada la hipótesis paranoica que sostiene este libro, de la primera línea a la última: todo tiene que ver con todo, lo ínfimo y lo cósmico, lo íntimo y lo político, lo ancestral y el futuro. Inicio el relato con un amago de *meltdown* personal en una cafetería de Barcelona, pensando en mi vida, que es, desde luego, irrelevante. Salvo que no lo es, porque la perplejidad ante la dificultad de vivir no es distinta, no es otra, esencialmente, que la perplejidad colectiva ante los serios retos del futuro próximo.

Consideremos, por ejemplo, un cataclismo que conozco bien. Nuestro hijo mayor está fascinado por la historia del Titanic, y por ello pasamos horas investigando a fondo lo que ocurrió. Es interesante preguntarse por qué se hundió el Titanic en el Atlántico Norte, con (unas) 2.224 personas a bordo, la madrugada del 15 de abril de 1912. Pero esa pregunta –¿por qué?– es excesiva. Pronto nos rendimos y ensayamos planteamientos más asequibles: ¿cuáles fueron las causas concretas de la catástrofe? Ahí es donde nos perdemos gozosamente en los detalles de la investigación, y descubrimos que no existe una sola causa, sino una multiplicidad descomunal de ellas, que, para complicar aún más las cosas, son interdependientes, se afectan, refuerzan, sustituyen y cancelan las unas a las otras.

Pocos minutos después de zarpar de Southampton, el 10 de abril a las doce del mediodía, el Titanic se libró por los pelos de una primera colisión, que hubiera sido mucho menos grave que la que de hecho padeció días más tarde. Parece ser que ni Edward Smith, capitán del Titanic (que murió en el naufragio), ni George Bowyer, piloto del puerto de Southampton (ni probablemente nadie en ese momento), sabían a ciencia cierta cómo maniobrar con un barco tan grande a la salida del puerto. El capitán Smith puso en marcha los propulsores de su transatlántico demasiado pronto, o con demasiada potencia, o de tal modo, en todo caso, que la succión producida rompió las amarras de un barco de menor tamaño atracado en el muelle adyacente, el City of New York, de la compañía American Line. Es curioso que el City of New York también hubiera sido en su momento el mayor y más rápido buque de pasajeros que cruzara el Atlántico, aunque entonces se veía impotente, a la deriva hacia una colisión que parecía inevitable contra el nuevo y flamante campeón de los mares. Esa colisión la evitó, sin embargo, por un margen de un metro más o menos, según se cuenta, la intervención providencial de otro navío, el Vulcan, que se hallaba en el lugar y el instante idóneos para lanzar un cabo al New York y, a toda máquina y humeando al límite de su potencia, impedir *in extremis* el choque.

Así fue como el Titanic esquivó una colisión que, de producirse, lo más posible es que no hubiera matado a nadie, pero lo habría retenido un tiempo más en Southampton y apartado del encuentro fatal, al cabo de cinco días, con un iceberg que, en ese preciso instante, flotaba indiferente y majestuoso en el Atlántico Norte, en la posición exacta y con la dirección y velocidad precisas para llegar, inexorable, a su cita.

Ahora podríamos decir que la causa del hundimiento del Titanic fue esa rápida reacción de rescate (bienintencionada y la mar de profesional) del capitán del Vulcan, que se llamaba Charles Gale. Podríamos afirmar que, si el capitán Gale no hubiera reaccionado a tiempo, el Titanic no se habría hundido. Y eso es, en rigor, cierto, salvo que es un disparate.

¿Por qué se hallaba el Vulcan en ese instante en aquella posición precisa? Porque Herbert Pitman, tercer oficial del Titanic, le había pedido ayuda con un megáfono desde el puente para el traslado de algunos miembros de la tripulación. Esa fue la causa de que el Vulcan estuviera tan cerca en ese momento y pudiera intervenir. Así que lo siguiente es descargar al pobre Gale de la culpa y trasladarla al bueno de Herbert Pitman (que además se salvó del naufragio porque partió al cargo de uno de los primeros botes salvavidas, siguiendo órdenes de sus superiores). Cabría decir entonces que, si Pitman no hubiera llamado al Vulcan para que los asistieran en el traslado de miembros de la tripulación, el Titanic no se habría hundido. Y de nuevo sería cierto, en rigor, salvo que sería otro disparate.

Por otra parte, ¿por qué se hallaba el City of New York atracado en ese muelle, listo para ser desamarrado de repente y derivar peligrosamente hacia el Titanic? El New

York fue retenido en Southampton por una huelga de los mineros del carbón. Aquí la situación se complica. Lo que podríamos decir en este caso es que los mineros en huelga casi salvaron al Titanic porque retuvieron en Southampton a un barco que estuvo a punto de colisionar con este y disuadirlo de su partida, pero al final su intento falló. Aunque también tenemos que decir que el viaje inaugural de un buque tan importante como el Titanic hubiera ido lleno hasta los topes en condiciones normales; sin embargo, la incertidumbre que produjo la huelga hizo que se vendieran menos pasajes de los previstos, y el Titanic partió con unos mil trescientos viajeros menos de los que habría podido albergar. De modo que esos mineros luchadores fracasaron cuando podrían haber salvado, de forma absolutamente inconsciente, al Titanic haciéndolo chocar con el New York, pero al mismo tiempo salvaron muchas vidas, las de los mil trescientos viajeros potenciales que, por la inestabilidad de la situación, decidieron posponer su partida a América.

En este punto se hace evidente que la trama de posibles causas concretas de ese desastre memorable es infinita (infinita en sentido matemático: no podemos ponerle fin), y se subdivide una y otra vez en otras causas que, además, son interdependientes entre sí. ¡Y todavía no hemos salido del puerto de Southampton! Imaginemos la multiplicidad ingente de factores que, a lo largo de los cinco días de travesía hasta el naufragio, podrían haber cambiado la posición del barco en el momento de la colisión. Y eso solo si pensamos en el Titanic mismo, porque, mientras tanto, cada suspiro de cada una de las ballenas que pasaron más o menos lejos del fatídico iceberg tiene algo que aportar a nuestra historia.

Afirmar que el capitán del Vulcan fue el causante del hundimiento del Titanic, o que lo fue el tercer oficial del transatlántico, o que lo fueron los mineros en huelga, es un tipo particular de disparate: un abuso del lenguaje. Tales afirmaciones tienen sentido en el relato de los hechos que acabo de hilar. Pero en el mundo en el que ocurrieron (que es el mundo que llamamos real, el mismo, queremos pensar, en el que vivimos hoy, más de un siglo después) tales afirmaciones son absurdas. En este espacio de desencuentro y de contradicción (¡y también de maravillosas concordancias!) entre el lenguaje y el mundo se escribe este libro.

Hemos hablado de un cataclismo histórico, o literario (la historia del Titanic es también un mito). Veamos ahora un cataclismo matemático. Quizá el lector atento habrá pensado, ante el relato de las vicisitudes inagotables del Titanic, en el efecto mariposa. Es una aproximación similar a la comprensión de lo demasiado complejo, pero echando mano, esta vez, del lenguaje matemático. Para responder tan bien como sea posible a la pregunta «¿Qué hacer a continuación?», no basta con un diagnóstico pormenorizado y lúcido del pasado, que nos asista en el empeño encomiable de intentar no repetir los mismos errores. Es necesario también contar con un pronóstico del futuro, que nos indique qué es lo que razonablemente podemos esperar que ocurra a continuación, y obrar en consecuencia.

El efecto mariposa, un enunciado de la teoría del caos descrito a inicios de los años setenta por el matemático y meteorólogo Edward Norton Lorenz, afirma que, en un sistema determinista no lineal, una pequeña variación en las condiciones iniciales puede dar pie a diferencias importantes en estados posteriores. La imagen famosa que propuso Lorenz reza así: el batido del ala de una mariposa en Brasil puede desencadenar un tornado en Texas. Un pequeño cambio en las condiciones iniciales (que la mariposa bata o no sus alas) puede conducir a resultados muy distintos (que haya o no un tornado).

La imagen que usó al principio Edward Lorenz era la de una gaviota que desataba una tormenta, pero alguien le aconsejó que la sustituyera por la mariposa y el tornado, que decían lo mismo cargando más las tintas, acentuando el claroscuro dramático. Bien podría ser que, sin esa mejora literaria, nadie se acordara hoy de su célebre efecto. Pero ¿era una mejora *solo* literaria? ¿Y literaria quiere decir *solo* estética, o sea, un cambio en el modo de decir que no afecta al contenido de lo que se dice?

Lorenz era meteorólogo, y lo que en realidad afirma su investigación es que la atmósfera es un sistema inestable ante perturbaciones pequeñas, lo que no guarda la menor relación con las mariposas. Así como yo no voy a calcular la trayectoria del mosquito que me picó en el tobillo, en un puente sobre el Muga, Lorenz nunca midió el batido del ala de ninguna mariposa. Lo que le preocupaba era si se podía predecir el tiempo meteorológico con los modelos matemáticos y las técnicas computacionales de los que se disponía en los años setenta.

La complejidad de la atmósfera terrestre sobrepasa con creces la capacidad de comprensión de nuestros cerebros y de nuestros ordenadores (también los actuales), y lo que hace la meteorología es construir modelos matemáticos de la atmósfera y calcular computacionalmente la evolución de esos modelos, confiando en que su comportamiento se parecerá de manera razonable al de la atmósfera que nos rodea. De nuevo, el procedimiento es el de inventar un relato para dar cuenta de la complejidad que nos abruma. Esta vez los personajes son los modelos matemáticos, bien definidos, con caracteres perfilados y comprensibles, y el desarrollo del relato es su evolución en un tiempo simulado y reversible, conforme a modelos computacionales dotados de sentido (podríamos decir narrativamente claros), que nos anuncian que los personajes se comportarán de tal modo o de tal otro en estas o aquellas circunstancias. De nuevo, un artefacto lingüístico que es como el mundo, que se parece a él tanto como ha sido posible, pero que no es el mundo. Y, de nuevo, el equilibrio entre lo que el relato nos permite comprender sobre la complejidad insondable de la atmósfera y el riesgo de perdernos en los espejismos del lenguaje, tan coherente y lleno de sentido, justo allí donde un aspecto decisivo de las furias y remansos atmosféricos puede haber pasado inadvertido al modelo matemático, como el agua entre los dedos.

Es importante decir que, pese a que los modelos matemáticos han evolucionado mucho desde entonces, las técnicas de predicción meteorológica no han cambiado en lo esencial. En diciembre de 2024, DeepMind lanzó GenCast, el primer modelo basado íntegramente en inteligencia artificial, que ha demostrado ser más preciso que ninguno de los anteriores, todos ellos dependientes, en mayor o menor medida, de implementaciones computacionales de las leyes de la física. Lo que esto quiere decir es que GenCast, en lugar de partir del conocimiento científico sobre la atmósfera, se ha basado solo en información sobre esta (en concreto, datos de evolución meteorológica recogidos durante cuarenta años) y, en su proceso de entrenamiento, ha deducido por sí mismo el modo en que la atmósfera se comporta. Este es un salto científico muy relevante, pero, para lo que aquí nos atañe, la situación sigue siendo la misma: usamos modelos matemáticos como relatos simplificados y calculables de lo que ocurre en el mundo que nos rodea.

En su presentación ante la American Association for the Advancement of Science, en 1972, Lorenz esgrimió dos aspectos clave para la comprensión de la complejidad y de los relatos de la complejidad. En primer lugar, advirtió de la arbitrariedad de fijar la atención en una sola causa, en medio de la cadena infinita de causas entrelazadas. Si el batido del ala de una mariposa puede desencadenar un tornado, dijo, también todos los batidos previos y posteriores de la misma mariposa, y todos los batidos de todas las mariposas, sin contar los efectos de otros seres más grandes, como los humanos, habrán tenido un papel en el desencadenamiento del famoso tornado. Aislar un solo batido de una sola mariposa responde a una necesidad literaria, la de disponer diestramente las palabras (y, con ellas, las imágenes y las ideas) para atraer la atención del lector. La pregunta «¿El batido del ala de una mariposa en Brasil

puede desencadenar un tornado en Texas?»
solo aparece en el título de la presentación
de Lorenz, y este aclaró desde el inicio que
en verdad el tema de su investigación no
era ese, sino si la atmósfera es o no un sistema inestable ante perturbaciones pequeñas.

En segundo lugar, Lorenz alertó del problema de la reversibilidad y perfectibilidad
del relato, frente al avance inexorable del
mundo (el aullido interminable de José
Agustín Goytisolo, ¿lo recordáis?), aunque,
como podéis imaginar, no usó estas palabras. Lo que dijo es que, a diferencia de la
atmósfera, el experimento controlado que
diseñó para estudiarla, un modelo matemático que evoluciona en una simulación por
ordenador, puede repetirse una y otra vez,
con pequeños cambios en las condiciones
iniciales, lo cual es imposible en la realidad.
Afirmó que, si introducimos una perturbación en la atmósfera física y observamos el
desarrollo de los acontecimientos, nunca
podremos saber qué hubiera pasado si no
hubiésemos introducido esa perturbación

inicial, y que cualquier proposición sobre lo que hubiera ocurrido en el mundo físico si las condiciones hubieran sido distintas en un momento del pasado significaría suponer que la atmósfera es un sistema estable, lo contrario de lo que concluye su investigación.

Y, si es imposible saber cómo se hubiera comportado la atmósfera en caso de que un detalle del pasado hubiera sido distinto, con más motivo lo es saber qué le hubiera ocurrido al Titanic si cualquiera de los factores que condujeron a su destino fatal hubiera sido alterado, siquiera mínimamente.

El peligro es olvidar qué nos indujo a comenzar el relato. Miramos a nuestro alrededor y no entendimos nada. Miramos a nuestro interior y lo vimos todo oscuro. Comenzar a hilar un relato (que pasa siempre por dentro y por fuera, por lo íntimo y lo cósmico) trajo una luz esperanzadora, y pareció dar algo de sentido a nuestro cuerpo, nuestras fuerzas y nuestro tiempo. Pero el relato es tan largo, tan laborioso, tan sofisticado, y al cabo de haberlo escrito estamos tan cansados (y tan satisfechos o tan vacíos), que se nos olvida con facilidad su propósito inicial: mirar alrededor y a nuestro interior, y haber comprendido algo.

Afirmar que el batido del ala de una mariposa en Brasil desencadena un tornado en Texas, o que el capitán del Vulcan causó el hundimiento del Titanic al lanzar un cabo al City of New York, es abusar del lenguaje. Son afirmaciones ciertas en la lógica interna de los relatos matemático y literario, ambos reversibles e infinitamente perfectibles. Sin embargo, el mundo no es así, como sabe cualquiera que se haya dado cuenta, una décima de segundo demasiado tarde, de que acaba de cometer un grave error. En el mundo que esos relatos describen, saber qué hubiera ocurrido si la mariposa se hubiera abstenido de batir las alas, o el capitán del Vulcan de salir en ayuda del New York, es del todo imposible.

Pareciera que, con las vicisitudes del Titanic y con la correspondencia de las mariposas y los tornados, estoy señalando una limitación del lenguaje. Pero ese es solo un aspecto del problema. El lenguaje tiene la capacidad asombrosa de decir lo que no dice, lo cual significa, ¡oh maravilla!, que los humanos, en momentos de rara lucidez, sabemos lo que no sabemos. Me pregunto si la imposibilidad del relato de describir exactamente los hechos y del modelo matemático de describir exactamente un sistema dinámico son imperfecciones del lenguaje y nada más. Sospecho que entre la indefinición del lenguaje y la complejidad del mundo puede haber una correspondencia lúcida. ¿Podría ser que el lenguaje tuviera el grado de imprecisión exacto, correspondiente al grado de complejidad innombrable del mundo?

La imprecisión del lenguaje literario es metafórica, y la del lenguaje matemático, estadística. Nada parecía más alejado que la metáfora y la estadística hasta que los grandes modelos de lenguaje de la inteligencia artificial hallaron una correspondencia asombrosa entre ellas. Esos modelos calculan estadísticamente las metáforas. La reconexión entre el lenguaje literario y el matemático, de consecuencias insospechadas, llama a nuestra puerta. Y no se trata de una reconexión teórica, sino del carácter más pragmático que pudiéramos imaginar. Los investigadores de OpenAI no son filósofos del lenguaje. Bien al contrario, son (o han terminado siendo con el éxito de sus algoritmos) capitalistas voraces.

El desencuentro entre el relato y el mundo (la ofuscación) o su concordancia feliz (la lucidez) tienen que ver con el paso a la acción. La lucidez no es un destello que ocurre en el lenguaje, sino en la relación de equilibrio entre el lenguaje y el mundo, entre lo que decimos y lo que hacemos. Por eso la pregunta clave de este primer capítulo, «¿Qué hacer a continuación?», tiene el verbo «hacer» en el centro, y no el verbo «comprender» o «saber». Hemos investigado el pasado tan bien como hemos podido, hemos trazado pronósticos de futuro con las mejores herramientas disponibles, ¿y ahora qué?

No quiero escribir la palabra «intuición», ni mucho menos la palabra «creencia». Voy a optar por «sabiduría». Claro, el lenguaje se hace difuso sin remedio cuando nos acercamos a las preguntas decisivas, y decir que lo que tenemos que hacer es obrar sabiamente, de tan cierto, es como no decir nada. Y, sin embargo, voy a intentar decirlo. Para ello recurriré a las palabras de una persona a la que considero sabia, y de su mano trataré no tanto de afirmar cuán importante es la sabiduría hoy (porque lo ha sido siempre), sino más bien de esclarecer qué puede significar en estos momentos obrar sabiamente, cuando desarrollamos herramientas tecnológicas y logramos avances científicos asombrosos, al tiempo que nos dirigimos con paso decidido hacia nuestra propia destrucción.

En su libro *La fe en la inteligencia artificial*, Helga Nowotny escribe un haiku, en respuesta a la extrañeza errática de los haikus que escribe la inteligencia artificial, que reza así:

Inteligencia artificial
compañía humana
algoritmos invisibles
el futuro exige sabiduría

Y a continuación precisa y despliega esa exigencia. La sabiduría que necesitamos hoy es un modo práctico y equilibrado de transitar el vínculo incognoscible de todo con todo. Debe conectar, dice Nowotny, al individuo con la comunidad, y a la comunidad con lo que sucede al nivel de los sistemas complejos. En primer lugar, no podemos estar aislados. En el aislamiento solo existe la ofuscación, no importa cuán inteligentes seamos. En segundo lugar, lo que decimos y hacemos individual y colectivamente tiene que estar en contacto, con capacidad de comprensión y de acción, con la complejidad del mundo, de la que formamos parte y de la que dependemos.

Entonces aparece el factor fundamental del equilibrio. Contra lo que nos dicen los gurús de la innovación tecnológica, la sabiduría no consiste en conocerlo todo y tenerlo siempre en cuenta ante cada decisión. Esa es la receta perfecta para la parálisis, la ansiedad y la depresión. Es una imagen del mundo como una fuerza abrumadora, el aullido interminable de José Agustín Goytisolo, gran poeta de la depresión («te sentirás acorralada, te sentirás perdida o sola», sigue diciendo). No podemos recordarlo todo, y, sin embargo, necesitamos un ingrediente fundamental de la sabiduría, al que Nowotny llama «tesoro», el tesoro de la experiencia humana. ¿Cómo beneficiarnos de ese tesoro sin perdernos en el laberinto de la información y el conocimiento?

Nowotny menciona la metáfora del vértigo del laberinto, de Umberto Eco, y dice, siguiendo a Eco, que las culturas que sobreviven son las que han sabido reducir el peso de su bagaje enciclopédico. Y aquí llega el punto clave. La sabiduría de hoy es una relación de equilibrio entre los conocimientos que preservamos, los que descartamos y los que guardamos en estado latente, como en reserva, porque pueden sernos útiles para los retos del futuro, que ahora desconocemos. Desde luego es una receta difícil, sutil. ¿Cómo podría ser de otro modo?

El equilibrio entre lo que recordamos, lo que olvidamos y lo que dejamos latente, que hemos llamado sabiduría, viene exigido por la necesidad de actuar. Lo angustioso y lo fascinante de la pregunta «¿Qué hacer a continuación?» es que no podemos dejar de responderla. La contestamos todos los días, cuando nos despertamos por la mañana y nos disponemos, con ánimos renovados, a desencadenar nimiedades y cataclismos. Incluso cesar en nuestro empeño, incluso la opción extrema del suicidio, tendría consecuencias y sería también un paso a la acción.

La sabiduría es el manejo equilibrado de la incertidumbre, de aquello que nuestros relatos dicen, sin decirlo explícitamente, y por lo tanto, de algún modo, sabemos, sin saberlo explícitamente. El margen de incertidumbre que se abre es el lugar desde el que se escribe este libro, y el espacio difícil, sutil y escurridizo en el que el lenguaje literario (que lo aborda metafóricamente) y el matemático (que lo aborda estadísticamente) se van a encontrar.

2. No se puede decir con palabras ni medir con números

La escisión del lenguaje literario y el lenguaje matemático, que supone que el lenguaje literario puede decirlo todo, al precio de hablar con vaguedad, mientras que el matemático solo trata ciertas cosas, pero lo hace con gran precisión, comenzó en Europa en los albores de la física moderna, a finales del siglo XVII, y en la actualidad está llegando a su fin. Podríamos acotarla con un arco histórico que abarcara de Isaac Newton a Niels Bohr.

La escisión fue gradual, pero quedó enunciada con notable claridad en las páginas de los *Principios matemáticos de la filosofía natural*, que Isaac Newton publicó en 1687 a instancias de su amigo Edmund Halley. Recuerdo la sorpresa que me produjo esta obra cuando compré el ejemplar que aún conservo en mi biblioteca, por consejo de mi profesor de Física de COU, el que por entonces era el curso de preparación para la universidad. Pese a la rareza de un lenguaje científico arcaico, yo esperaba que describiera la física que estaba aprendiendo en aquel curso (que se nos presentaba, en efecto, como newtoniana), pero ese libro hablaba de muchas más cosas. Era, a mi entender, un libro de filosofía. Yo en aquel entonces sufría intensamente (como se sufre a los dieciocho años) por la contradicción irreconciliable entre mi inclinación hacia la filosofía y mi facilidad para las matemáticas, y recuerdo que me indignó (como se indigna uno a los dieciocho años) que la ciencia contemporánea hiciera una lectura tan parcial de sus clásicos. ¿Cómo podía explicarse que páginas y más páginas de la obra clásica de uno de los más grandes científicos modernos, o incluso el más grande, según muchos, fueran desechadas como irrelevantes por los científicos actuales? ¿Cómo podía una obra tan importante contener tanta paja?

Había en esas páginas un misterio que yo no podía desentrañar. Cualquier profesor digno de ese nombre, ante un estudiante que se sumerge con curiosidad e inocencia en una obra antigua y compleja, me hubiera dicho: «¡Olvida los ejercicios repetitivos a los que te obligo a diario y lee feliz!». Pero no fue eso lo que me aconsejó el mío, y pronto abandoné la lectura, atareado con la gimnasia mental que conduce sin falta al aprobado. Había que convertirse en un ciudadano circunspecto y comedido. El conocimiento podía esperar.

En las páginas de esa obra fascinante se leen los detalles del proceso de divorcio, en la mente atormentada de Newton, de la filosofía y la ciencia. Porque es en verdad un libro de filosofía, que en el transcurso de su relato se va decantando hacia un libro de filosofía natural, disciplina que podemos identificar con la física moderna. En concreto, es un tratado de filosofía positivista y atomista, que se opone al racionalismo cartesiano dominante en su tiempo, y no deja de ser llamativo que la física actual olvide esa dimensión del texto, siendo el positivismo filosófico el fundamento de la ciencia experimental. Pero, al margen de los *Principios*, Newton abarcó en sus escritos mucho más que la filosofía, y se ocupó ampliamente de la astrología, la alquimia, la teología, la historia y el ocultismo. Que una parte tan amplia de sus escritos sea dejada de lado por la posteridad nos habla de las fortalezas y flaquezas del lenguaje matemático (de esos principios matemáticos de la filosofía), que, si bien esclarece de forma impecable aquello de lo que trata, ignora una cantidad importante de los relatos, creencias y conocimientos humanos. Porque, de hecho, la única parte del discurso de Newton que el futuro recuerda es la que escribió en lenguaje matemático.

No es que la matemática no pueda hablar de todo, sino que no puede hacerlo *todavía*. Ya en la introducción de los *Principios*, Newton dice que ha deducido de manera matemática los movimientos de los planetas, los cometas, la Luna y el mar. Y añade: «Me gustaría que pudiésemos deducir el resto de los fenómenos de la Naturaleza siguiendo el mismo tipo de razonamiento a partir de principios mecánicos. En efecto, muchas razones me inducen a sospechar que todos ellos pueden depender de ciertas fuerzas en cuya virtud las partículas de los cuerpos –por causas hasta hoy desconocidas– se ven mutuamente impelidas unas hacia otras y se unen en figuras regulares, o son repelidas y se alejan unas de otras. Siendo desconocidas esas fuerzas, los filósofos han investigado en vano la Naturaleza hasta hoy; pero espero que los principios aquí expuestos arrojarán cierta luz sobre este método de filosofar, o sobre alguno más veraz».

Newton está mirando al horizonte, y nos ofrece una maravillosa premonición de la física de partículas. Vemos en estas líneas que la física describe de forma matemática el mundo bajo la forma de un ámbito cercano, accesible y conocido, rodeado en todas direcciones por el horizonte. Lo que desconocemos aún lo vislumbramos, es cierto, como el horizonte, inaccesible y deformado, y que se aleja a la misma velocidad con la que nos acercamos a él.

No se trata solo de que el lenguaje literario lo cuente todo, pero vagamente, mientras que el matemático se limite a contar una parte, pero con gran precisión. Ocurre, además, que el lenguaje literario lo dice todo (vagamente) ahora, mientras que el lenguaje matemático terminará diciéndolo todo (exactamente) en un futuro que, al modo del horizonte, nunca termina de hacerse presente. La escisión de la filosofía y la ciencia (que se corresponde con la escisión del lenguaje literario y el matemático) en las páginas de los *Principios* de Newton es un proceso de esclarecimiento, de precisión, que funda la física moderna, si bien lo hace a un precio nada desdeñable: el sabio moderno solo podrá conocer a ciencia cierta una parte del mundo. El resto no podrá conocerlo todavía, salvo que ese todavía es permanente, nunca va a terminar.

El problema es que no podemos esperar. Es lo que tiene el horizonte, sabemos de sobra que moriremos antes de alcanzarlo.

¡Y no es que nos falte paciencia! Es que el mundo es así. Es imposible no responder a la pregunta «¿Qué hacer a continuación?», individual y colectivamente, todos los días. Si el conocimiento tiene que tornarse sabiduría para poder vivir, como dice Nowotny, no podemos esperar indefinidamente a que la ciencia cumpla su promesa.

Cuando los científicos nos advierten, con admirable honestidad intelectual, de lo mucho que la ciencia desconoce todavía, separan su voz científica de su voz personal. Dicen: «Como científico no puedo afirmar...» y otras expresiones parecidas, porque saben que, como personas, responden cada día, con la mayor rotundidad, cuestiones intrincadísimas. Saben que, además de hacer ciencia, viven, lo que quiere decir que aman, sufren, toman partido en la política, van a conciertos y tienen animales de compañía, y desarrollan, en fin, toda suerte de actividades abrumadoramente complejas, cuyo sentido la ciencia ha dilucidado, por ahora, solo en parte. Aun así, yo me niego en este libro (y en realidad siempre que puedo) a aceptar esa separación. Ya he señalado que aquí parto de la convicción de que todo está vinculado con todo, lo íntimo con lo histórico, lo interior con el cosmos, lo ancestral con el futuro. Y ello quiere decir, entre otras cosas, que, cuando los científicos separan por prudencia su voz científica de su voz personal, no voy a dejarlos en paz.

Hace unos días asistí en la librería Finestres a la presentación de *Los límites de la ciencia. Una visita al acelerador de partículas más grande del mundo*, de Javier Argüello. Quise estar allí porque ese libro de aspecto modesto (tiene ochenta páginas) y de título provocador me parece importante. La presentación consistió en una conversación entre Argüello y el físico Diego Blas. Azuzado por la exploración de los límites de la ciencia que el libro propone, Blas dijo hacia el final del acto que había dejado de participar en debates mediáticos de tipo generalista, no especializados, por el fastidio

de verse confrontado con opiniones ignorantes y poco respetuosas.

Este comentario hizo resonar al instante
en mi cabeza la relectura de los *Principios*
que vengo haciendo estos días. Por fortuna
me contuve. Mi intervención en ese momento hubiera sido incomprensible y bo-
chornosa, como ocurre cuando la cabeza
va más rápida que la boca. Me limité a
intercambiar una mirada de asentimiento
cómplice con Mónica Bello, sentada a mi
lado en la primera fila, donde se sientan los
que no quieren perder detalle. Os cuento
ahora, en esta rara intimidad pública de la
escritura y la lectura, secreta y colectiva, lo
que me vino a la mente.

El caso es que Newton, en el tercer y último libro de los *Principios*, arguye la misma fatiga ante la experiencia de enfangarse
en discusiones ignorantes e irrespetuosas.
El padecimiento psicológico y moral de
Newton a lo largo de su vida singular no
fue menor. En 1693, poco después de publi-
car los *Principios*, en lugar de gozar del reconocimiento de su indiscutible grandeza

como científico, los acontecimientos lo arrojaron a una honda depresión. En el espléndido estudio preliminar de Antonio Escohotado leo: «Fatio [Nicolás Fatio de Duillier, amante de Newton] ha decidido no irse a vivir con él, sino a Suiza, y Newton pasa días enteros en su laboratorio olvidándose de comer y dormir. Hooke le ha acusado de plagio en los *Principia*, Leibniz se mueve hábilmente para conseguir un reconocimiento de prioridad en la invención del cálculo y comenzaban los incidentes con el astrónomo real Flamsteed. Ese otoño la correspondencia de Newton se intensifica dolorosamente, cesando tras un súbito ataque de demencia. Rompe con Fatio, pasa –según palabras propias– quince días sin dormir más de una hora y otros cinco sin poder hacerlo un minuto siquiera, escribe cartas delirantes a Samuel Pepys y a Locke (a este último acusándole de querer "enredarle" con mujeres)».

El sufrimiento indecible ante la naturaleza brutal y desalmada de la esfera pública da pie al que Escohotado describe como un

Newton «prudente y reservado, característica por lo demás bien acorde con su personalidad básica, llena de complejos y recelos; en realidad, a partir de aquí ya no es posible saber a ciencia cierta si dice lo que piensa, o si más bien expresa una mezcla muy personal de lo que le parece prudente afirmar atendiendo a la ortodoxia científica de la época y lo que efectivamente considera verdadero».

Y esto es lo que relata el propio Newton en la introducción del libro tercero de los *Principios*, titulado *Sistema del Mundo (Matemáticamente tratado)*: «En realidad, había confeccionado sobre este tema el tercer Libro siguiendo un método popular, con el fin de que pudiese ser leído por muchos. Pero después, considerando que quienes no hubiesen profundizado bastante en los principios no podrían captar fácilmente la fuerza de sus consecuencias, ni descartar prejuicios a los que llevaban acostumbrados muchos años, y para evitar las controversias que podrían suscitarse a causa de ello, decidí traducir la suma de materias de ese Libro a la forma de proposiciones usuales en matemáticas, que solo deberían ser leídas por quienes de antemano se hubieran familiarizado con los principios precedentes».

No fue solo la resonancia que provocó en mi cabeza el comentario de Diego Blas. El divorcio entre la filosofía y la ciencia desde el siglo XVII hasta hoy tiene un lado metodológico, la necesidad del esclarecimiento matemático, aun al precio de la postergación indefinida de una comprensión general, pero también otro psicológico y político: la fatiga de embarrarse en discusiones en el lenguaje común a todos, el lenguaje natural, sin una base conceptual compartida de antemano, ni un sentido inequívoco de las palabras.

El problema es que la ciencia renuncia a partir de entonces a hablar de todo. Cierto es que la ciencia no lo enuncia así, sino que nos convoca a la conquista del horizonte, pero vivimos en un momento demasiado complejo y difícil para andarnos con remilgos. Sabemos lo que eso significa: significa que la ciencia ha renunciado a hablar de todo.

Javier Argüello relata en su libro una escena maravillosa, que me hace pensar en los diálogos platónicos, donde las anécdotas cotidianas se entremezclan con el debate de las ideas. Werner Heisenberg y Wolfgang Pauli paseaban por el puerto de Copenhague, luego de cenar en casa de Niels Bohr. A la luz de las palabras de Bohr, que desconocemos, conversaban sobre los límites del positivismo científico. Al final, Heisenberg dijo: «Niels hace muy bien en suscribir las exigencias de una meticulosa atención al detalle y a la claridad semántica que plantean los pragmatistas y los positivistas. Lo único que podemos objetar al positivismo son sus tabúes, pues si hemos de dejar de hablar, e incluso de pensar, acerca de otro tipo de conexiones más amplias que también están ahí, corremos el riesgo de quedarnos sin brújula, y por tanto el peligro de perdernos para siempre».

Necesitamos que la ciencia vuelva a hablar de todo, como hacía cuando Newton la escindió de la filosofía para esclarecerla. Heisenberg se lo insinúa amablemente a su amigo Pauli, con la prudencia intelectual de los científicos. Yo lo repito aquí como una exhortación. La situación es crítica, según nos advierte la ciencia con la mayor claridad.

Puede ser que la palabra «ciencia» haya dejado de ser la adecuada, y lo mismo le ocurre a la palabra «filosofía». Además de dialogar con los textos de Javier Argüello, tengo la suerte de poder conversar con la persona que los escribe. Nos encontramos para comer en bares de Sants o de Gràcia y hablamos, entre otras cosas, de cómo podría llamarse ese conocimiento, esa ciencia sin los tabúes del positivismo, esa filosofía de precisión matemática. Yo tiendo a pensar que eso es justamente la filosofía, entendida en toda su riqueza. Tal es el sentido que Newton daba a la palabra «filosofía», ya lo hemos visto. Pero Javier me advierte, como buen escritor, de que las palabras son palabras en el tiempo, y de que salvaguardar a la palabra «filosofía» de cierta idea de lo humanístico, lo artístico y lo literario, que la escinde sin remedio de cierta idea de lo científico y lo tecnológico, es un proyecto con pocas probabilidades de éxito.

Ahora bien, lo importante, mientras encontramos o inventamos la palabra, es que cuando pido que la ciencia vuelva a hablar de todo no estoy expresando solo un deseo personal o una agenda política. Algunos acontecimientos recientes demuestran que esa ciencia filosófica o filosofía científica es una posibilidad real. En concreto, es posible una ciencia escrita en lenguaje literario, o una filosofía escrita en lenguaje matemático. Estos acontecimientos son los grandes modelos de lenguaje de la inteligencia artificial.

OpenAI sorprendió al mundo entero con la publicación de ChatGPT a finales de 2022. Lo sorprendente, a mi modo de ver, fue la sofisticación lingüística del artefacto. Los ordenadores han hablado y escrito desde que existen, porque no pueden funcionar sin comunicarse con los humanos. Lo nuevo no fue que ChatGPT leyera y escribiera, sino la espectacular versatilidad literaria con la que lo hacía. No importan aquí las discusiones eternas sobre si el artefacto piensa por sí mismo o es creativo. Hoy en día ni piensa ni es creativo, en ningún sentido relevante, ni nada hace prever, en cuanto nos fijamos en los detalles técnicos de su funcionamiento, que lo vaya a ser en el futuro.

Lo sorprendente, lo impensable incluso, es que este artefacto ha adquirido sofisticación metafórica por medios estrictamente matemáticos. Lo que hace un gran modelo de lenguaje es calcular la probabilidad de la siguiente palabra, y dicha probabilidad la ha aprendido analizando estadísticamente una cantidad descomunal de textos ya existentes. Nadie ha introducido en el código del programa un diccionario, ni una gramática, ni una retórica, ni una enciclopedia. Tan solo le hemos mostrado texto, texto y más texto. Y todo lo que el artefacto *sabe* del lenguaje lo ha *aprendido* analizándolo estadísticamente, es decir, considerándolo de un modo estrictamente matemático. Por eso no es descabellado decir que los grandes modelos de lenguaje saben hablar, pero no saben lo que dicen. Son expertos en ordenar las palabras de modo que cobren sentido y, más aún, sean interesantes para los humanos, si bien no tienen nada que decir, ni mucho menos la voluntad de decirlo.

Le hemos mostrado al artefacto lo que los humanos escribimos, y el artefacto ha aprendido a emularnos por un procedimiento matemático. No le hemos enseñado a hablar, solo le hemos mostrado el lenguaje. Y lo cierto es que no sabemos con exactitud cómo funciona ni por qué funciona.

Las redes neuronales de aprendizaje profundo son tan grandes y complejas que se están investigando como si fueran un fenómeno natural desconocido, haciendo experimentos e intentando interpretar los resultados. Comprender su funcionamiento es uno de los retos apasionantes de la ciencia actual, o acaso no de la ciencia, sino de esa ciencia filosófica y filosofía científica que los propios modelos de lenguaje señalan ahora como posible.

Lo estadístico en el lenguaje matemático y lo metafórico en el lenguaje literario no son solo formas de nombrar lo incierto, sino, ¡oh maravilla!, de nombrarlo de tal modo que podamos trabajar con ello, y hacerlo, además, con precisión. Hay en lo estadístico y lo metafórico algo de lo que Nowotny llama un saber latente, dormido, que conocemos como si fuera una caja que llevamos con nosotros pero que no hemos abierto nunca, o una isla que vislumbramos a lo lejos sin haberla pisado todavía. Podemos trabajar con esa caja cerrada, podemos medir, por ejemplo, su densidad con toda precisión (midiendo su peso y su tamaño), y podemos trabajar con esa isla lejana y determinar su posición exacta en el océano, su altura y su perfil. El contenido de la caja y el ecosistema de la isla, que nos son desconocidos, quedan disponibles para futuras investigaciones, están ahí en estado latente.

Cuando estudiaba Matemáticas en la UPC abrigaba una gran reserva hacia la estadística. ¿Qué era aquello de intentar medir de manera resumida, mientras tanto y como se pudiera, algo maravillosamente complejo? Sin saberlo, sin habérmelo planteado con claridad, era newtoniano, y esperaba que la matemática pudiera describir el mundo como un reloj, no como una nube. La estadística es el lado histórico y político de la matemática, el lugar donde la matemática, por decirlo así, se ensucia las manos con la realidad. Han pasado los años y ahora es la parte de la matemática que más me interesa, junto con la algorítmica musical (que es la fusión última de la ciencia y el arte, el espacio donde lo indeterminado estadístico y lo indeterminado metafórico se funden de manera indistinguible).

La metáfora, por otra parte, es el desplazamiento de las palabras desde el sentido literal hasta otro figurado. Que la metáfora tenga espacios de incertidumbre en lo literal no quiere decir que no tenga un sentido preciso. Si os hablo del crepúsculo de forma literal, como la posición relativa de un punto de la superficie terrestre respecto del

Sol a una hora determinada, podré describirlo y analizarlo con minuciosidad, sacando a colación ángulos, efectos lumínicos (el célebre tono anaranjado) y transformaciones graduales a lo largo de las latitudes y del calendario, que la física describe a la perfección. En cambio, si os hablo del crepúsculo de la vida de una persona que conocemos, que ha caído gravemente enferma, el análisis, la descripción detallada de ese otro crepúsculo será imposible. Solo es una metáfora. Y, sin embargo, habréis comprendido con toda claridad (con una claridad terrible) a qué me refiero con el crepúsculo de la vida, ¿verdad? Que un sentido no se pueda analizar no significa que no sea preciso.

La asombrosa precisión inanalizable de las figuraciones verbales (y no solo de la metáfora, pero tomo la metáfora como ejemplo paradigmático del uso figurado de las palabras) la aprendí de golpe y de la forma más bella. Un día le dije a nuestro hijo mayor, con la cursilería de la que antes de tener hijos me creía sabiamente inmune: «Te quiero tanto que no se puede decir con palabras».

Nunca olvidaré la respuesta. Eugeni, con la serenidad indolente de la infancia, sin levantar la vista del cómic que estaba hojeando, replicó: «Acabas de decirlo con palabras, y te he entendido perfectamente».

Las palabras son capaces de decir incluso lo que no dicen, lo que no pueden decir, con la mayor claridad. Así que lo que no se puede decir con palabras, ni medir con números, es expresado metafóricamente, y modelado estadísticamente, con precisión, con una precisión de conjunto, que no entra en detalles, pero no por ello menos precisa. Lo extraordinario, sin embargo, lo de verdad inesperado, y que han demostrado los grandes modelos de lenguaje de la inteligencia artificial, es que esas dos complejidades, indeterminadas y latentes, pero manejables en conjunto (de manera metafórica o estadística), no son tan distintas como pensábamos. De hecho, son, ¡oh maravilla!, operativamente equivalentes, en el sentido de que una es traducible en la otra. Los grandes modelos de lenguaje parten del texto, con sus connotaciones, contextos, entonaciones y matices, lo traducen estadísticamente a valores numéricos y, a continuación, de modo estrictamente computacional, mediante un cálculo que nada tiene que ver con la gramática, la semántica ni la retórica, producen nuevo texto, con sus correspondientes connotaciones, contextos, entonaciones y matices.

Es importante subrayar que no se trata de una demostración teórica, sino de una prueba pragmática y experimental. Hemos construido un algoritmo que es capaz de traducir la complejidad metafórica en la complejidad estadística, y viceversa, y ello es una prueba *de facto* de que son equiparables, de que una no es más grande, intricada e insondable que la otra. No hemos dilucidado ninguna de las dos complejidades, siguen siendo igual de misteriosas, pero ahora sabemos que constituyen un solo misterio, que podemos abordar metafóricamente o estadísticamente, según nos convenga. Y es en este punto mágico donde la filosofía, avezada a dilucidar las complejidades metafóricas, y la ciencia, avezada a dilucidar las estadísticas, van a poderse encontrar.

En el momento de crisis en el que vivimos –tal vez sea siempre así, pero ahora la situación es grave–, el conocimiento (científico, filosófico y científico-filosófico) tiene que ser también una forma de saber qué hacer a continuación, individual y colectivamente. Por eso me parece importante que la equiparación de la complejidad estadística y la metafórica sea un hecho práctico, operativo. No convirtamos el cálculo de metáforas en el siguiente espejismo deslumbrante del conocimiento. Me parece que puede ser una oportunidad para la comprensión y el consenso. Porque estaremos de acuerdo en que el divorcio de los modelos computacionales y los discursos humanísticos, e incluso la pugna entre ellos, es un motivo preocupante de despolitización de la ciencia, de su desarraigo de la historia y de descrédito de la dimensión poética del conocimiento.

Lo que no se puede decir con palabras lo expresamos metafóricamente. Lo que no se puede medir con números lo describimos estadísticamente. Ahora descubrimos que estas exploraciones paralelas no avanzaban aisladas, ni eran contradictorias, sino que andaban de la mano a escondidas. Lo que las palabras no pueden decir puede describirse estadísticamente, y lo que los números no pueden medir, expresarse metafóricamente. Intentar comprender qué posibilidades se abren ahora para el conocimiento y para la acción (íntima y política) es un reto difícil en extremo, pero ineludible.

3. Metáforas cuánticas

El empeño de Newton por describir el mundo mediante principios matemáticos se apoyaba en una imagen del cosmos como mecanismo. Digo «imagen», palabra más común, para designar lo que aquí vengo llamando «metáfora». El mecanismo como metáfora del mundo. Paso a paso iremos llamando así con mayor confianza a los marcos de sentido del conocimiento.

En efecto, el lenguaje de los *Principios*, sembrado de fuerzas, cuerpos y trayectorias, es sin lugar a dudas el de la mecánica. Y, sin embargo, el mecanismo del mundo no estaba exento de misterio. Es muy interesante constatar que el positivismo científico no desmiente lo incomprensible del mundo. En un libro de Noam Chomsky titulado *¿Qué* *clase de criaturas somos?* leo lo siguiente: «En su constante búsqueda de alguna forma de evitar la "absurda" conclusión de que los objetos interactúan a distancia, [Newton] especulaba que Dios, que está en todas partes, podría ser el "agente inmaterial" subyacente en las interacciones gravitacionales. Pero no pudo ir más allá, ya que se negaba a "fingir hipótesis" más allá de las que puedan determinarse experimentalmente. Newton coincidía con su crítico más eminente, Leibniz, en que la interacción sin contacto es "inconcebible", aunque no estaba de acuerdo en que fuese, en palabras de Leibniz, una "propiedad oculta poco razonable". Newton sostenía que sus principios no estaban ocultos: "solamente sus causas están ocultas"».

Mientras esclarecía de forma matemática el mecanismo del mundo, Newton no podía descartar lo misterioso, que se aferró a su discurso, como un polizón en el barco del progreso científico, en tanto que causa oculta, implícita e impensable. Ese fardo de misterio, ese tabú del positivismo (en palabras de Heisenberg), es el que se ha despertado ahora y nos grita a la cara, matemática y computacionalmente: «¡Soy tan complejo e inextricable como la historia de la literatura universal!». No es ninguna exageración afirmar que los equipos de investigadores que desarrollan los grandes modelos de lenguaje más avanzados harían bien en incorporar a expertos en teoría de la literatura comparada.

Chomsky relata la reducción progresiva de lo que la ciencia aspira a conocer: «Más adelante, los newtonianos rechazaron la metafísica, acotando así la acción a distancia dentro de construcciones teóricas pasando al mismo tiempo por alto la "inconcebibilidad" de las conclusiones sobre el mundo que preocupaban a los grandes contemporáneos de Newton e incluso al propio Newton. En consecuencia, los objetivos de la investigación científica fueron reducidos implícitamente: de la clase de concebibilidad que constituía un criterio para la auténtica comprensión en los primeros tiempos de la ciencia moderna a algo mucho más limitado: la inteligibilidad de las teorías acerca del mundo. Esto me parece un paso de importancia considerable en la historia del pensamiento y las investigaciones humanas, más de lo que generalmente se quiere reconocer».

Puede que la metáfora del mecanismo resultara demasiado simple porque no era capaz de incluir en su marco de sentido la acción a distancia (imprescindible en la teoría de la gravitación), que quedaba así expulsada al ámbito de la metafísica. Y no es casual que sea un filósofo del lenguaje, que ha explorado incansablemente los vínculos entre el lenguaje, el pensamiento y el mundo, quien nos advierte de este desajuste.

Tengo que contar cómo di con estas palabras de Chomsky. Esto es lo que en la academia se llama un apunte metodológico. En las pesquisas preparatorias para este libro leí todos los escritos recientes de Chomsky sobre inteligencia artificial y, pese a ser relevantes y originales, llegué a la conclusión de que el planteamiento que formulaban no era el que yo necesitaba. Un tiempo después cayó en mis manos *¿Qué clase de criaturas somos?*, y reconozco que lo abrí porque me interesa cualquier escrito de Chomsky, sin esperar que me sirviera para este trabajo.

No me preocupa haber dado con su mirada sobre Newton y sus seguidores, tan importante en este libro, por accidente. Lo que busco cuando leo, como decía Gilles Deleuze, son encuentros, y los mejores encuentros, ya se sabe, suelen ser fortuitos. De hecho, intento, como método, leerlo todo, sin criterio, y hacer, como decía Michel Foucault hablando de Gaston Bachelard, que todo juegue contra todo.

Era el único método realista de hacer frente a lo que aquí nos ocupa. Es tanto y tan variado lo que atañe al cálculo de metáforas que resultaba imposible comprenderlo en un lenguaje disciplinar correcto. Por eso los lenguajes disciplinares tienen, en estas páginas, las costuras rotas. Al fin y al cabo, no soy matemático ni filósofo. Soy escritor, comisario de exposiciones y músico. Es decir, hilo historias superficiales, pero (si las cosas salen bien) con sentido. Tengo dos anécdotas para ilustrarlo; la primera, de uno de los libros que aquí me acompañan; la segunda, de la vida *real*.

La primera es el recibimiento de Steven Weinberg a Sabine Hossenfelder, antes de la entrevista que relataremos más adelante. Hossenfelder llevaba un rato esperando ante el despacho del premio Nobel, y este, cuando por fin apareció, dijo: «Se supone que tengo que hablar con una escritora». Y, mirando a la única persona presente, preguntó: «¿Eres tú?». La palabra «escritora» me llamó mucho la atención la primera vez que leí esa página. Hossenfelder es física, investiga la gravedad cuántica, así que es, sin lugar a dudas, una colega. También Weinberg escribió libros, sin por ello presentarse como escritor. Pero el empeño de Hossenfelder en hacer preguntas inoportunas, disciplinarmente dislocadas (pero tremendamente relevantes), la relega a escritora, a la posición no de quien sabe cosas, sino de quien las cuenta.

La segunda anécdota ocurrió después de la lectura de mi tesis doctoral, hace ya una década. El tribunal, formado por Xavier Antich, Marina Garcés y Enric Guaus, me fue favorable pese a las fuertes tensiones externas y, sobre todo, internas a las que tuve que hacer frente. Si pude completar el trabajo fue gracias a la confianza inquebrantable de Antoni Marí, por quien siento una gratitud intelectual y personal infinita. Pero lo mejor vino después. Así como la prueba de sonido es lo más interesante de un concierto, en la radio se anima el diálogo al cerrar los micrófonos y la idea clave de una conferencia se cuenta en la cena de después, también aquel día lo más importante pasó fuera de cuadro. De camino al restaurante, conversando con Marina Garcés (yo la escuchaba rendido y alegre, al cabo de una lucha de años), me dijo ella que mi lectura de Deleuze era sorprendentemente original. Mi tesis versaba sobre la repetición musical, y se apoyaba en una lectura de *Diferencia y repetición* de Deleuze. La lectura que habían hecho los profesionales, me contó Marina, lo retrataba como filósofo de la diferencia. «Tú ignoras esa tradición –afirmó–, y gracias a ello has podido leerlo como filósofo de la repetición».

Al principio del capítulo anterior, para describir el lapso de tiempo desde el divorcio del lenguaje matemático y el literario hasta su reencuentro en la actualidad, he hablado del arco histórico que abarca de Isaac Newton a Niels Bohr, y el lector atento habrá pensado: «A este arco le falta un siglo», pues de la revolución cuántica hace ya cien años. Puede que esos cien años hayan sido el margen necesario para aceptar la renovación de las metáforas del conocimiento o, lo cual es más importante aún, la renovación del papel de las metáforas en el conocimiento. Porque las metáforas cuánticas, y no solo en la ciencia ficción, son ahora moneda corriente.

Pero, antes de inventar metáforas cuánticas, atendamos a la literalidad cuántica, si es que ello es posible (los físicos más prominentes en esta teoría insisten una y otra vez en la imposibilidad de comprenderla del todo). En 2018, Sabine Hossenfelder publicó un libro a mi entender extraordinariamente original y oportuno, que ha tenido un impacto menor del que merecía: *Perdidos en las matemáticas. Cómo la belleza confunde a los físicos*. En el capítulo 6, titulado «La incomprensible comprensión de la mecánica cuántica», describe lo que aquí podríamos llamar un cierto déficit metafórico de esta teoría. «La mecánica cuántica funciona de maravilla, pero muchos físicos se quejan de que es poco intuitiva y fea», afirma.

Veamos uno de los experimentos que describe Hossenfelder. Quiero que nos acerquemos lo más posible, sin tecnicismos matemáticos, a la literalidad de la teoría cuántica. La polarización de una onda es la dirección de su oscilación. Imaginemos dos personas que sostienen una cuerda por los dos extremos y la hacen oscilar. Pueden hacerlo en vertical (como las olas del mar), en horizontal (como el movimiento de una serpiente) o en un plano inclinado. Esas serían tres polarizaciones distintas de la onda que recorre la cuerda. En la teoría cuántica, una corriente de fotones es entendida como una onda electromagnética, y es por ello por lo que podemos hablar de la polarización de los fotones.

En 2008, un equipo científico liderado por Anton Zeilinger se desplazó a las islas Canarias para intentar batir el récord mundial de teletransporte cuántico. En la isla de La Palma generaron mediante un láser una serie de pares entrelazados de fotones. El entrelazamiento cuántico es una de las propiedades que escapan a nuestra intuición del mundo físico (aquí podríamos decir que desmienten las viejas metáforas de la física y nos impelen a renovarlas). Que dos fotones estén entrelazados significa que la suma de sus polarizaciones siempre es, digamos, vertical, no importa cuán lejos estén el uno del otro. Sabemos que existe esa relación constante entre las polarizaciones de uno y otro fotón, pero desconocemos las polarizaciones de cada uno de ellos por separado.

En rigor, cada uno oscila en más de una polarización *a la vez*, hasta el momento en que la medimos.

De cada par de fotones entrelazados generados en La Palma, a uno de los componentes lo mantuvieron dando vueltas en un rollo de fibra óptica de 6 kilómetros de longitud, y al otro lo mandaron a un receptor situado en la isla de Tenerife, a 144 kilómetros de allí. Pudieron comprobar (a la mayor distancia verificada hasta aquel momento) que la medida de la polarización del fotón en una isla en un momento dado, en el que el fotón dejaba de tener polarizaciones distintas *a la vez* y se definía en una sola, se correspondía al instante con la medida de la polarización de su par en la otra isla. Esos fotones se teletransportaban, en el sentido de que se comunicaban de forma instantánea a una distancia de 144 kilómetros, o, si no queremos decir que se comunicaban (porque según la teoría de la relatividad ninguna información puede recorrer el espacio por encima de la velocidad de la luz), se mantenían unidos, de algún modo, a distancia, o constituían, pese a que nos cueste imaginarlo, una sola cosa.

Hossenfelder menciona algunas de las interpretaciones alternativas que los físicos proponen de esta clase de fenómenos cuánticos, verificados de forma experimental sin ningún género de dudas pero intelectualmente incomprensibles, o intuitivamente aberrantes, y alerta de que preferir una interpretación a las otras es una simple cuestión de estética. La teoría científica que subyace es la misma en todos los casos, lo que cambia es la manera de imaginarla y de relatarla.

Habla por ejemplo de la interpretación de los muchos mundos. ¿Qué es eso? No es una novela de Michael Ende, sino una interpretación posible de la teoría cuántica. El hecho comprobado de modo experimental es que el fotón de La Palma oscila en polarizaciones distintas a la vez, hasta el instante en que medimos la polarización (instante en que su par, en Tenerife, se define en la polarización simétrica). La interpretación de los muchos mundos lo explica imaginando que cada medición distinta es la bifurcación a un universo paralelo. No es que el fotón mantenga estados distintos a la vez, sino que cada medición forma parte de una historia del universo, una posible entre todas las demás, que también ocurren, pero no en este mundo que habitamos. Algunos físicos, como Steven Weinberg, consideran esta interpretación repulsiva; para otros, entre ellos Max Tegmark, constituye «la teoría más simple y posiblemente la más elegante». Como dice Hossenfelder, es cuestión de preferencias estéticas.

Otra interpretación posible es la llamada interpretación de Copenhague, que concibe la teoría cuántica como una caja negra. Lo que le pasaba a la partícula antes de la medición no lo tenemos que preguntar, sería una pregunta sin sentido. «Cállate y calcula», exhorta el físico David Mermin. Aplicamos las matemáticas de la teoría cuántica y obtenemos la probabilidad de los estados de la partícula, que es lo que podemos conocer. Nada más. Una versión más reciente de esta interpretación es el QBismo (sí, las interpretaciones se ramifican y subdividen, ¿os acordáis de la maraña de causas del hundimiento del Titanic?), según el cual lo que podemos calcular depende de la información que poseemos sobre el mundo. Por eso cada observador obtiene medidas distintas, porque cuenta con informaciones distintas.

Insisto, la teoría científica es siempre la misma, lo que cambia es el modo de imaginarla y de relatarla. Sin embargo, en la conversación entre Hossenfelder y Steven Weinberg, premio Nobel en 1979, considerado por ella «el mejor físico vivo» (moriría poco después, en 2021), este añadió un matiz interesante, en cuanto a la supuesta independencia de una teoría científica respecto de sus interpretaciones estéticas.

Hossenfelder le preguntó a Weinberg si compartía la idea del filósofo de la ciencia James W. McAllister, que amplía la concepción de las revoluciones científicas de Thomas S. Kuhn y sostiene que «toda revolución científica requiere derrocar los conceptos de belleza desarrollados por los científicos».

Weinberg objetó que las apreciaciones estéticas podían ser útiles en el progreso científico: «La revolución copernicana se produjo porque Copérnico pensaba que el sistema heliocéntrico era mucho más atractivo que el sistema ptolemaico. No se debió a ningún dato. Está claro que se trataba de un juicio estético que difería de todos los juicios estéticos anteriores. Creo que es posible que la revolución newtoniana se produjera porque Newton no consideraba la fuerza que actúa a distancia como algo feo, mientras que Descartes sí. De modo que Descartes intentó transmitir una imagen muy fea del sistema solar, en el cual todo era resultado de empujones y tirones. Y a Newton le parecía bien que hubiera una fuerza del inverso del cuadrado que actuaba a distancia. Se trataba de un cambio estético. O podríamos decir que fue un cambio en la preconcepción filosófica».

A continuación puso otro ejemplo aún más interesante, en el que una idea estética *errónea* conducía a una teoría científica correcta. James C. Maxwell debió de pensar que las ondas electromagnéticas tenían que ser ondas en un medio elástico, como las olas en el agua o el sonido en el aire. Ahora sabemos que se propagan en el vacío, y que son oscilaciones del propio campo electromagnético, no de ningún medio en el que este se propaga. «Sin embargo –afirmó Weinberg–, las ecuaciones desarrolladas por Maxwell siguen estando bien. La teoría de Maxwell perdura, aunque su concepción de por qué debería ser verdadera haya cambiado».

Y concluyó: «Muy a menudo, lo que cambia no son las teorías físicas, sino nuestra concepción de qué significan y por qué deberían ser ciertas. Así que no creo que lo derroques todo, aunque puede que derroques juicios estéticos previos. Y aquello que sobrevive son las teorías a las que han dado lugar los juicios estéticos previos».

«A continuación se pone en pie y sale», relató Hossenfelder. Weinberg no era el primer físico que le respondía con displicencia, como si sus preguntas le parecieran inoportunas, o como si, sabiéndolas del todo oportunas, prefiriera no pensar mucho en ellas.

Yo creo que la ciencia no tiene nada más importante ni urgente en lo que pensar. Lo que dijo Weinberg antes de cerrarnos la puerta en los morros es relevante y oportuno: las apreciaciones estéticas, esas cosmovisiones que no son *del todo* ciencia, sino que dependen del contexto histórico y cultural de los físicos que las inventan, tienen un papel relevante, y a veces decisivo, en el descubrimiento de teorías científicas correctas. Dicho en el vocabulario de este libro, las metáforas no están separadas del conocimiento científico, y contribuyen a su desarrollo. Imaginar el mundo como una multiplicidad de universos paralelos o como una caja negra incomprensible pero calculable no es solo una cuestión de estética, sino que afecta al conocimiento científico experimentalmente validado. Otro modo de verlo (que, de hecho, prefiero) es el de que la estética no está separada del conocimiento, pero no nos perdamos ahora en viejos debates filosóficos. Que las metáforas son una forma de conocimiento, eso es lo que nos importa aquí.

Y ni siquiera he hablado todavía del problema más grave de la teoría cuántica. De su problema más grave o de su aspecto más bello, según se mire: su dependencia del observador. Sí, en la teoría cuántica el observador altera lo observado. Esta es la frontera en la que la física se topa con el problema fundamental, insoslayable e irresoluble, de la consciencia.

Poco antes de poner fin de golpe a la conversación, Weinberg mencionó un aspecto «repulsivo» de la cuántica: «No se trata del hecho de que tenga probabilidades. Se trata del tipo de probabilidades que hay. […] Lo que no me gusta de la mecánica cuántica es que se trata de un formalismo para calcular las probabilidades que tienen los seres humanos cuando realizan determinadas intervenciones en la naturaleza a las cuales denominamos experimentos. Y una teoría no debería hacer referencia en sus postulados a los seres humanos. Querrías entender las cosas macroscópicas como sistemas experimentales y los seres humanos en términos de la teoría subyacente».

El ser humano no tendría que aparecer en las leyes que explican el comportamiento de las partículas subatómicas. Es una cuestión de escala y de objetividad. El método científico desea que lo pequeño se explique mediante principios fundamentales, y que lo grande se subdivida analíticamente para que las leyes que lo rigen reposen sobre esos mismos principios fundamentales. De este modo, también, lo complejo se entiende a partir de lo simple. Peor aún, que el ser humano aparezca en los principios fundamentales de la materia, afectando lo que observa al observarlo, da al traste con la objetividad del método científico, porque lo objetivo es justo lo que no depende del observador.

Un conocimiento que opera a distintas escalas a la vez, que no puede ser objetivo sino mediante algún tipo de intersubjetividad (de discusión, puesta en común de las diversas subjetividades, y de consenso posterior) y que no puede ir desbrozando lo complejo a partir de lo simple, pues explica lo complejo de golpe, mediante elaboraciones lingüísticas complejas: con eso se da de bruces la teoría cuántica.

Y no sé si hablar de complejidad es suficiente. Quisiera perder el miedo a hablar de misterio, sin por ello cerrar los ojos y rendirme al dogmatismo y la superstición. ¿Podemos ambicionar un conocimiento objetivo (en el sentido de «intersubjetivo») que describa y comprenda lo misterioso mediante un lenguaje, a su vez, misterioso?

Me parece que la lucha sin cuartel de los físicos teóricos por construir buenas interpretaciones de la teoría cuántica avanza en esa dirección, la de elaborar relatos complejos (estéticos, dice Hossenfelder, o metafóricos, estoy diciendo aquí) que den cuenta de una teoría científica validada experimentalmente. Recordemos las palabras de Chomsky alertando del empobrecimiento del pensamiento científico que supone renunciar a la concebibilidad de las ideas y limitarlo a la inteligibilidad de las teorías.

Las teorías inteligibles son explicaciones posibles de los hechos comprobados de forma experimental, que solo serán aceptadas como conocimiento científico si de ellas se pueden derivar nuevos experimentos que las validen. Mientras esos experimentos no sean posibles, como ocurre con las diversas interpretaciones cuánticas, la teoría queda en el limbo de las opiniones más o menos en boga, respaldadas por voces más o menos prestigiosas, pero opiniones al fin y al cabo.

Me atrevo a afirmar que el conocimiento actual (lo que nos hace falta saber y poner en práctica para encarar las graves crisis del presente) necesita que los científicos superen esa encomiable prudencia metodológica. Que de las teorías inteligibles pasen a las ideas concebibles, y se atrevan a afirmar algo así: con lo que sabemos y lo que no sabemos, con lo que podemos verificar de manera experimental y lo que no, mediante lo que alcanza nuestra mente y nuestro lenguaje, y mediante lo que somos capaces de acordar después de haber dialogado hasta el límite en que las palabras y los cálculos pierden su sentido, nos es posible afirmar que el cosmos bien pudiera funcionar así, y la vida, asá, y la consciencia, de este otro modo. Por ahora.

Lo políticamente correcto sería decir que, de obrar de este modo, los científicos se estarían convirtiendo en filósofos. ¿Y por qué no? En cualquier caso, lo importante es que ese salto metodológico radical (que no sería sino recuperar lo que hacía Newton, o sea, pensar sobre el mundo con todas las herramientas de que disponía) debería ser visto como una ampliación de la ciencia, como el reconocimiento de su naturaleza intrínsecamente filosófica, y no como un apartarse de la ciencia y lanzarse al campo resbaladizo de las opiniones.

Me parece que hay argumentos científicos que lo respaldan, o por lo menos argumentos que el rigor científico consideraría aceptables. Chomsky describe el nuevo misterianismo como la convicción de que «la consciencia no puede ser nunca explicada por completo». Y sigue: «El término se ha extendido a cuestiones más amplias relativas al ámbito y la naturaleza de las explicaciones accesibles por la inteligencia humana». Para ponerlo en claro toma prestada la descripción de la abducción por parte de Charles Sanders Peirce. La abducción vendría a ser el pensamiento inverso de la deducción. En la deducción sabemos que de una afirmación p (la causa) se sigue otra afirmación q (su consecuencia). En la abducción, por el contrario, sabemos que se da q, e ideamos una hipótesis p que, de ser cierta, tendría a q como consecuencia. De este modo podemos aceptar la hipótesis p como una posible explicación lógica de lo que sabemos: que ocurre q. Fijaos en que las diversas interpretaciones de la teoría cuántica se obtienen por abducción a partir de hechos cuánticos, sorprendentes y contraintuitivos, pero verificados de manera experimental.

Siguiendo a Peirce, Chomsky argumenta: «La mente humana es un sistema biológico que proporciona una serie limitada de "hipótesis admisibles" que son los cimientos de la investigación científica humana y, según el mismo razonamiento, de los logros cognitivos en general. Por una simple cuestión de lógica, el sistema debe excluir otras hipótesis e ideas como absolutamente inaccesibles para nosotros, o demasiado remotas en la jerarquía de la accesibilidad como para ser realmente accesibles, aunque tal vez pudieran serlo para una mente estructurada de manera diferente».

¿Es esta posición misterianista, que algunos rechazan como una «extraña herejía posmoderna» y Chomsky sostiene como una «obviedad», aceptable desde un punto de vista científico? Si lo es, debería constituir la base a partir de la cual el conocimiento científico asuma la responsabilidad de adentrarse en cuestiones no verificables de manera experimental. Si la mente humana es incapaz por naturaleza de dilucidar el misterio, si ciertos aspectos del mundo y de la consciencia nos serán siempre desconocidos, por la sencilla razón de que son impensables para nosotros, entonces la ciencia no puede desentenderse de lo misterioso, a riesgo de ofrecer una imagen del mundo y de la consciencia no solo provisional (como sería del todo aceptable), sino deliberadamente parcial.

Newton declaraba haber traducido sus pensamientos a proposiciones matemáticas para evitar las controversias propias de lo que se expresa en lenguaje natural, así que, en sus trabajos, el lenguaje matemático es preciso e inequívoco, y el natural, vago y dudoso. Pero la precisión y claridad del lenguaje matemático, que reposaba en la metáfora del mundo como mecanismo, o incluso como reloj, iba a tornarse problemática a medida que los objetos de estudio se hicieran más complejos. El sistema solar puede ser visto razonablemente como un mecanismo (al menos por una sensibilidad occidental), pero no así, por ejemplo, el curso de un río. La matemática se aproxima a estos entes complejos mediante la estadística, que nos dice que, si bien no podemos conocer el movimiento de cada molécula de agua, podemos medir *grosso modo* cómo van a comportarse en conjunto. Incluso en la teoría de la relatividad de Einstein podemos pensar que la intervención de la estadística sigue siendo de este tipo sobre todo, o sea, la descripción en términos manejables de entes complejos, tales como un curso de agua, la atmósfera terrestre o un haz de luz. De este modo, el lenguaje matemático, aunque ha perdido cierta precisión, sigue siendo razonablemente inequívoco.

El problema se agrava con la irrupción de la teoría cuántica, en los años veinte del siglo pasado. Recordemos las palabras de Weinberg: lo repulsivo no es que use probabilidades, sino qué tipo de probabilidades requiere. No es que los instrumentos de medida no resulten lo bastante precisos, ni lo que queremos medir demasiado complejo, sino que los principios mismos de la teoría incorporan probabilidades. Lo estadístico parece ser, según la teoría cuántica, una propiedad de la materia o, por lo menos, de lo que podemos saber de ella. Este es el punto en el que el lenguaje matemático se vuelve equívoco. Podemos pensar que mantiene la precisión (los experimentos cuánticos dan resultados altamente precisos), pero no la claridad.

El misterio que se coló en la mecánica de Newton, cual polizón en el barco del conocimiento científico, parecía oculto en las bodegas del lenguaje natural, que tenía un papel provisional y subsidiario. En tiempos de Niels Bohr salió a cubierta y demostró que no era un aspecto exclusivo de las valoraciones verbales, sino inherente al conocimiento, se expresara este en ecuaciones o en palabras. En el siglo transcurrido desde entonces hemos presenciado el despliegue de lo que podríamos llamar la «dimensión literaria de la física teórica».

No quiero decir con ello que la física se haya convertido en ficción (aunque Marvel ha demostrado con creces las posibilidades ilimitadas de ese salto). Bien al contrario, lo interesante, lo profundamente significativo, es que ha sido con voluntad de alcanzar un conocimiento objetivo, validado de manera experimental y no apartado (al menos de forma deliberada) del método científico, como la física teórica ha elaborado auténticas fantasías, por ejemplo, el multiverso y la inflación eterna, de una potencia metafórica y una profundidad filosófica dignas de Lewis Carroll.

El lenguaje literario siempre ha acarreado consigo cierta dosis de misterio. El lenguaje matemático parecía exento de claroscuros, hasta que la teoría cuántica lo ha llevado al límite, como si, tensándolo al máximo, le hubiera hecho decir todo lo matemáticamente expresable, y entonces, alcanzada la última frontera, se hubiese preñado asimismo de indeterminación, de ambivalencia y, por qué no, de misterio.

En el capítulo inicial subrayé dos aspectos que distancian los relatos (literarios o matemáticos) del mundo que describen: la reversibilidad (el tiempo del relato es reversible, y por ello el relato es siempre perfectible, mientras que el mundo avanza inexorable) y la focalización de la atención, que hace el relato comprensible e interesante (en el relato priorizamos las causas llamativas, anecdóticas o bellas, olvidando el res to, pero en el mundo todo cuenta). Estos mismos aspectos se aplican a las teorías sobre el mundo, que no son sino una suerte particular de relato que, además de explicar lo que ocurre, aspira también a predecirlo.

Si aceptamos la hipótesis que recorre este libro desde la primera página, que el lenguaje describe el mundo por semejanza, siendo extraño e incomprensible justo en la misma medida (es un equilibrio difícil) en que lo es el mundo, descubrimos una naturaleza más profunda, menos anecdótica, de lo que he llamado la «dimensión literaria de la física teórica». Un buen relato, como una buena teoría, tiene que ser un tanto extraño, no del todo comprensible, desconcertante incluso. Debe resistirse en cierto grado a las exigencias de perfección y simetría (lo que Hossenfelder denuncia como la belleza que desorienta a los físicos). Así que las razones por las que la teoría cuántica, esa teoría rara, no del todo comprensible y sujeta a interpretaciones dispares, es una maravilla de la ciencia podrían ser *exacta-*

mente las mismas por las que es maravillosa desde el punto de vista literario.

En este estado de cosas, OpenAI hizo público, a finales de 2022, ChatGPT. Lo que he explicado hasta aquí son las consideraciones históricas y filosóficas que apuntaban al encuentro en el presente de los lenguajes matemático y literario, formuladas con la mayor sutileza y cuidado que he sido capaz de aplicar. Pero la publicación de ChatGPT fue como una bofetada, un acto repentino e irreflexivo (había voces razonables en contra) que dejó a todo el mundo anonadado. Ese artefacto demostraba en la práctica que el lenguaje humano (y no una simplificación esquemática, sino toda su riqueza metafórica) podía modelarse de forma matemática.

Lo más llamativo (aunque si compartís el diagnóstico que he ido hilando hasta aquí, no debería sorprenderos) es que esta equiparación práctica de lenguajes del todo dispares no ha desvelado ningún misterio. Ya lo dije antes: no sabemos con exactitud cómo funcionan los grandes modelos de lenguaje ni por qué funcionan. Funcionan, sin más.

Estos modelos no son la equiparación de dos claridades, sino de dos misterios. Lo que podemos deducir filosóficamente de ellos (lo poco que podemos vislumbrar por ahora, mientras nos palpamos la mandíbula desencajada) es que la complejidad y, más allá de la complejidad, el misterio del lenguaje matemático son comparables a la complejidad y, más allá, el misterio del lenguaje literario. No solo lo que sabemos, sino también lo que ignoramos, lo que sobrepasa nuestra comprensión, puede ser traducido de un lenguaje al otro. Y, si el conocimiento consiste en encaramarse a lo ignoto, esta herramienta práctica tal vez esté llena de posibilidades.

Una de esas posibilidades para el conocimiento podrían ser las metáforas cuánticas, o sea, las lecturas metafóricas de la teoría cuántica (que son, por cierto, tan comunes). Si se hace una lectura literal de la teoría, tales metáforas son ilegítimas, pero esa es precisamente la naturaleza de la metáfora: saltarse el marco normativo de la literalidad. Son ilegítimas porque los efectos cuánticos desaparecen al aumentar la escala (un proceso que los físicos llaman «decoherencia»), y las metáforas son, cuando menos, un salto de escala.

Debo a Maria Arnal el descubrimiento de la escucha cuántica de Pauline Oliveros. Ahora que nos acercamos al final lamento no haber sabido incluir más música en estas páginas. Yo encuentro en la música una lucidez radical, pero no sé cómo explicarla, ni siquiera de forma aproximada, y este libro tenía que ser lo más claro y concreto posible, porque trata de cuestiones polémicas, todavía muy abiertas, sobre las que es necesario aportar argumentos, metafóricos tal vez (que de eso se trata), aunque argumentos al fin y al cabo, explícitos y debatibles. Este debía ser un texto seco, silencioso y razonable. Me reservo, eso sí, a Brian Eno para la coda (aunque la coda, ya se sabe, apenas cuenta), y cierro este capítulo, el tercero del tríptico, con el libro más musical que conozco, que me ha prestado la persona más musical que conozco.

En *Quantum Listening*, un volumen azul marino muy delgado, que tiene al tocarlo un tacto amable y huidizo, como una línea sinuosa llena de resonancias más que como la cubierta de un libro, o como un pájaro a punto de alzar el vuelo, Pauline Oliveros escribe: «La escucha cuántica consiste en escuchar más de una realidad simultáneamente», y más adelante: «La escucha cuántica consiste en escuchar simultáneamente de tantas formas como sea posible, haciendo cambiar la escucha y siendo cambiado por ella».* Quisiera reivindicar esta actitud de atender de todas las formas posibles a más de una realidad a la vez como la adecuada tanto para la introspección como para la comprensión del mundo que nos rodea, una actitud que, pese a aceptar lo misterioso, lo que escapa a nuestro conocimiento, se atreva a no dejar nada de lado, ningún lenguaje, inteligencia o sensibilidad.

La dificultad más grande a la que se enfrenta esta actitud de escucha cuántica es la

---

* La traducción es del autor. *(N. del E.)*

de haber sido relegada al espacio del arte o las humanidades. Al fin y al cabo, Pauline Oliveros era artista. Y uso el verbo «relegar» con plena conciencia. Es una relegación automática, instantánea, unánime, que suele ir acompañada (¡por supuesto!) de una afirmación enfática de lo importantes que son las artes y las humanidades para la vida. Pero en ese relegar y enfatizar no hay otra cosa que una escisión, que salvaguarda el conocimiento como una producción exclusiva de las tecnociencias.

La decoherencia (el hecho de que los efectos cuánticos desaparezcan cuando aumenta la escala) hace ilegítima la metáfora. La escucha cuántica es una bella idea absurda, porque la subdivisión en universos paralelos ocurre a nivel subatómico, y es imposible que el ser humano viva directamente realidades distintas, menos aún por un medio sensible, como la escucha. Y, sin embargo, distingo por lo menos tres razones que sostienen la reivindicación de la escucha cuántica como modo de conocimiento.

La primera es el límite que ha alcanzado la física teórica, en el que se desborda hacia la literatura, si no mediante el paso a la ficción, sí al menos a través de la elaboración de relatos imaginativos de verdad (si no queremos decir fantásticos). Esos relatos imaginativos de la física quedan para siempre en el limbo, a la espera de una validación experimental que parece imposible por naturaleza. ¿No sería mejor concederles valor de conocimiento, con todas las salvedades, provisionalidad y examen crítico que requieran su debate y posterior aceptación o rechazo por consenso? Y, si concedemos valor de conocimiento a las metáforas de la física teórica, a los relatos imaginativos de la ciencia, ¿cómo podríamos no concedérselo, recíprocamente, a las metáforas que, desde lo artístico o lo humanístico, se desbordan en una imagen honesta (honesta en lo intelectual y lo sensible) del yo y del mundo?

La segunda razón, análoga a la primera, en realidad, es el agotamiento de la claridad del lenguaje matemático. Que la mayor sofisticación de la física teórica, que se corresponde con la mayor sofisticación de la capacidad del lenguaje matemático para construir una imagen del mundo, nos haya conducido a una teoría enigmática, como es la cuántica, debería hacernos despertar del sueño newtoniano según el cual los embrollos verbales se aclaran matemáticamente. Y, si la elaboración de modelos, cálculos y algoritmos matemáticos puede contribuir a nuestras disquisiciones, pero ya no se arroga el poder exclusivo de zanjar la cuestión, el aspecto metafórico de nuestras investigaciones adquiere, en un reequilibrio de fuerzas sin duda prometedor, un grado igual de legitimidad epistemológica.

La tercera y última razón, análoga a la segunda y la primera, en realidad, es el misterio que cruza la correspondencia entre los lenguajes matemático y literario que han construido *de facto* los grandes modelos de lenguaje de la inteligencia artificial. Que esa correspondencia no sea visible, que no esté desglosada de tal modo que podamos, por así decirlo, seguirla con el dedo, paso a paso, hasta haberla comprendido del todo deja pendiente una labor importante y urgente. Marina Garcés afirma en *Nueva ilustración radical*: «El sujeto, como conciencia y voluntad, ha perdido la capacidad de dirigir la acción en el mundo y de ser, por tanto, el timonel de la historia. […] Tenemos un problema de escala que nos sitúa en la encrucijada de una dolorosa contradicción: somos pequeños y precarios, pero tenemos un poder desmesurado». Más adelante lo sintetiza en un aforismo demoledor: «Humanos estúpidos en un mundo inteligente: es la utopía perfecta». Tenemos la responsabilidad de convertir este cortocircuito entre lenguajes absolutamente dispares en un sistema inteligible y manejable de vasos comunicantes. Y me parece una obviedad que esa reconstrucción solo puede hacerse mediante la maestría combinada en el uso de los lenguajes que se conectan desde los extremos opuestos de esta máquina distópica: la maestría matemática de la mano de la maestría literaria, en un vínculo de clarificación y de fertilización recíproca.

Tanto desde las elaboraciones del pensamiento histórico y filosófico como desde los avances repentinos de la ingeniería informática, llegamos a la misma conclusión, que podemos leer en un abanico de interpretaciones, de la más modesta a la más aventurada. La lectura modesta dice que, en adelante, la escisión entre las tecnociencias y las humanidades deja de sostenerse, y estas pueden seguir desarrollándose sin relaciones jerárquicas ni exclusiones, en una relación de continuidad y de colaboración potencial entre iguales. La lectura más ambiciosa apunta a una oportunidad inaudita, la de reconstruir un sistema de vasos comunicantes entre tradiciones que se han dado, cuando menos, la espalda, para descubrir un nuevo modo de conocimiento, complejo, múltiple y políglota, pero englobador y coherente.

Coda: Vivir con los ojos abiertos

Este libro ya ha terminado. Mientras regresas lentamente a la realidad, yo me dispongo a hacer lo mismo. No sé cuáles serán tus herramientas, tus asideros. En mi caso, tengo una novela en la mano, que me dispongo a meter en mi mochila, mientras suena, en mi estudio, *Music for Airports* de Brian Eno. Estoy listo. Levanto la aguja del disco, me pongo el abrigo y salgo de casa. Quiero regresar a la misma cafetería donde comencé este relato. La novela que me acompaña es *Memorias de Adriano*, de Marguerite Yourcenar.

Camino por las calles de Gràcia pensando en el sentido que *Music for Airports* le confiere a las últimas palabras de Adriano, el emperador que quiso ser filósofo: «Tratemos de entrar en la muerte con los ojos abiertos...». Es una manifestación conmovedora de la voluntad de lucidez radical, hasta el punto límite, justo antes de que todo te sea indiferente. *Music for Airports*, con su banalidad melancólica, parece reprocharle a Adriano el dramatismo. Parece llamarnos a una lucidez más modesta y cotidiana, más propia de los vivos. Brian Eno decía ponerse nervioso en los aviones, tal vez porque no podía dejar de pensar en la eventualidad de la muerte modesta, banal, del viajero distraído. «En realidad, es una música para resignarte a la posibilidad de la muerte», apuntaba.

En el equilibrio entre Brian Eno y Marguerite Yourcenar, entre lo cotidiano y lo irrepetible, busco la lucidez radical de nuestro tiempo. En el presente acelerado, la realidad es impúdicamente visible y, a la vez, angustiosamente indiscernible. Necesitamos una atención exacerbada, múltiple, políglota, deforme incluso, pero que no nos desgarre la consciencia. Y una consciencia presente, continua y habitada, pero que no nos inhabilite para la acción ultravisible, hiperconectada y clamorosa.

Pido el café de siempre y me siento a la misma mesa que hace medio año. Alrededor nada parece haber cambiado. Se diría que son las mismas personas, seis meses después, lo cual es imposible. No debí de fijarme bien. Doy un sorbo al café e intento pensar, con los ojos abiertos, qué viene a continuación.

Bibliografía

Javier Argüello, *Los límites de la ciencia. Una visita al acelerador de partículas más grande del mundo*, Barcelona, Debate, 2024.

Noam Chomsky, *¿Qué clase de criaturas somos?*, Barcelona, Ariel, 2017, trad. de Jorge Paredes.

Marina Garcés, *Nueva ilustración radical*, Barcelona, Anagrama, 2017.

Sabine Hossenfelder, *Perdidos en las matemáticas. Cómo la belleza confunde a los físicos*, Barcelona, Ariel, 2019, trad. de Jorge Paredes.

Isaac Newton, *Principios matemáticos de la filosofía natural*, Barcelona, Altaya, 1993, trad. de Antonio Escohotado.

Helga Nowotny, *La fe en la inteligencia artificial. Los algoritmos predictivos y el futuro de la humanidad*, Barcelona, Galaxia Gutenberg, 2022, trad. de Alfred Bosch.

Pauline Oliveros, *Quantum Listening*, Londres, Ignota, 2022.

Marguerite Yourcenar, *Memorias de Adriano*, Barcelona, Edhasa, 1986, trad. de Julio Cortázar.

Agradecimientos

Gracias a Judit Carrera y a Miguel Aguilar por haber imaginado este libro, mucho antes de la primera palabra.

Gracias a Javier Argüello, Maria Arnal, Jaume Bertranpetit y Marina Garcés por compartir conmigo el método de investigación más avanzado que existe, la conversación.

Gracias a Lúa Coderch, a Eugeni y a Simó, que fundáis el mundo cada día.